essentials

essentials liefern aktuelles Wissen in konzentrierter Form. Die Essenz dessen, worauf es als „State-of-the-Art" in der gegenwärtigen Fachdiskussion oder in der Praxis ankommt. *essentials* informieren schnell, unkompliziert und verständlich

- als Einführung in ein aktuelles Thema aus Ihrem Fachgebiet
- als Einstieg in ein für Sie noch unbekanntes Themenfeld
- als Einblick, um zum Thema mitreden zu können

Die Bücher in elektronischer und gedruckter Form bringen das Expertenwissen von Springer-Fachautoren kompakt zur Darstellung. Sie sind besonders für die Nutzung als eBook auf Tablet-PCs, eBook-Readern und Smartphones geeignet. *essentials:* Wissensbausteine aus den Wirtschafts-, Sozial- und Geisteswissenschaften, aus Technik und Naturwissenschaften sowie aus Medizin, Psychologie und Gesundheitsberufen. Von renommierten Autoren aller Springer-Verlagsmarken.

Weitere Bände in dieser Reihe http://www.springer.com/series/13088

Ingrid Göpfert · Roman Kersting

Wie Unternehmen in die Zukunft blicken

Eine empirische Studie zur Zukunftsforschung in der Logistikpraxis

Ingrid Göpfert
Lehrstuhl für ABWL und Logistik
Philipps-Universität Marburg
Marburg, Deutschland

Roman Kersting
Lehrstuhl für ABWL und Logistik
Philipps-Universität Marburg
Marburg, Deutschland

ISSN 2197-6708   ISSN 2197-6716 (electronic)
essentials
ISBN 978-3-658-18908-2   ISBN 978-3-658-18909-9 (eBook)
DOI 10.1007/978-3-658-18909-9

Die Deutsche Nationalbibliothek verzeichnet diese Publikation in der Deutschen Nationalbibliografie; detaillierte bibliografische Daten sind im Internet über http://dnb.d-nb.de abrufbar.

Springer Gabler
© Springer Fachmedien Wiesbaden GmbH 2017

Gedruckt auf säurefreiem und chlorfrei gebleichtem Papier

Springer Gabler ist Teil von Springer Nature
Die eingetragene Gesellschaft ist Springer Fachmedien Wiesbaden GmbH
Die Anschrift der Gesellschaft ist: Abraham-Lincoln-Str. 46, 65189 Wiesbaden, Germany

Was Sie in diesem *essential* finden können

- Eine kompakte Einführung in den Gegenstand der Zukunftsforschung
- Eine Darstellung etablierter und neuer Forschungsdesigns und Methoden der Zukunftsforschung
- Zahlreiche Illustrationen und Beispiele aus dem Bereich der Logistik
- Anregungen für den Auf- oder Ausbau der Zukunftsforschung in Ihrer eigenen Organisation
- Eine Erläuterung von vier Themenkomplexen mit besonderem Veränderungspotenzial in den nächsten Jahren

Vorwort

Für eine aktive Gestaltung ihrer zukünftigen Entwicklung brauchen Unternehmen eine professionelle Zukunftsforschung. Auf welchem Niveau sich Unternehmen dabei bewegen, ist bis dato kaum untersucht. Auch der Frage nach den Wünschen der Unternehmen an die Weiterentwicklung bekannter Zukunftsforschungsmethoden auch in Bezug auf die Produktion ganz neuartiger Methoden wurde nicht explizit nachgegangen. Über Methoden hinaus, betrifft das ebenso die Frage nach der passenden Organisation einer Zukunftsforschung in den Unternehmen. Erste Antworten auf diese und weitere Fragen wollen wir Ihnen mit diesem *essential* geben.

Die vorliegende Studie trägt explorativen Charakter. Sie ist Teil eines aktuellen Forschungsprojekts am Lehrstuhl für ABWL und Logistik der Philipps-Universität Marburg. Im Fokus steht die Ermittlung des Status quo in den Unternehmen, einschließlich der Schaffung von Transparenz über Ansatzpunkte für eine auf die praktische Anwendungsreife zielende Weiterentwicklung von Methoden, Organisationslösungen und Forschungsdesigns. Hierzu wurden Unternehmen aus Industrie, Handel und Logistikdienstleistung befragt. Unter den Teilnehmern stark vertreten sind Logistikdienstleister. Das bildet die Basis für eine erste vergleichende Betrachtung, wie Logistiker gegenüber Industrie und Handel in Sachen Zukunftsforschung aufgestellt sind.

Wir danken allen teilnehmenden Praktikerinnen und Praktikern ganz herzlich für ihr Engagement und ihre Zeit. Mit Ihrer Teilnahme haben Sie einen entscheidenden Beitrag für die universitäre Forschung geleistet. Wir hoffen, unser Buch kann Ihren eigenen Blick in die Zukunft schärfen und wünschen Ihnen eine anregende Lektüre.

Univ.-Prof. Dr. Ingrid Göpfert
Roman Kersting

Inhaltsverzeichnis

1 Einleitung 1
   1.1 Relevanz, Gegenstand und Stellenwert der Zukunftsforschung 2
   1.2 Charakteristika und Methodik der Studie 4

2 Organisation und Forschungsdesigns der Zukunftsforschung 7
   2.1 Auslöser und Verankerung 7
   2.2 Ausrichtung und Besonderheiten der logistischen
       Zukunftsforschung 10
   2.3 Informationsquellen 14
   2.4 Umweltbereiche und Zeithorizonte 15
   2.5 Zukunftsforschungsmethoden 16
   2.6 Drei Typen zukunftsforschender Unternehmen 23
   2.7 Bewertung und Barrieren 25

3 Blick zurück und voraus 29
   3.1 Rückblick: Wildcards 2000 29
   3.2 Ausblick: Top in 10 Jahren 30

4 Fazit 33

Literatur 37

Einleitung 1

Die Fragen „Wie geht es weiter?", „Wo wollen wir hin?", „Wie schaffen wir das?", „Wen müssen wir dabei mitnehmen?" klingen simpel, ihre Beantwortung ist meist umso schwieriger. Für Individuen, Gruppen, Unternehmen, Branchen und ganze Volkswirtschaften gilt gleichermaßen: Die Zukunft ist ungewiss, per Definition (noch) nicht existent und daher immer im Bereich des Unbekannten und Unsicheren. Sie existiert nur als Vorstellung, als Gedankenkonstrukt in den Köpfen der Menschen.[1] Auch unter Zukunftsforschern besteht Einigkeit, dass eine Vorhersage der Zukunft nicht möglich ist. Die Zukunftsforschung befindet sich noch auf einer vergleichsweise frühen Entwicklungsstufe. In der Wissenschaft ist sie aber mittlerweile fest etabliert und genießt – wie dieses *essential* zeigen wird – in der Unternehmenspraxis eine bemerkenswerte Popularität. Empirische Studien dazu sind allerdings „Mangelware". Jeder Mensch, der reflektiert „nach vorne" blickt, betreibt bereits Zukunftsforschung im weitesten Sinne. Die Fähigkeit zu einer Vorausschau und Reflexion über noch nicht existierende Sachverhalte ist eine einzigartige und extrem wertvolle menschliche Fähigkeit.[2] Die wissenschaftliche Zukunftsforschung leistet dabei einen wichtigen Beitrag zur Bündelung zukunftsrelevanter Forschungsthemen und trägt wesentlich zu einer Professionalisierung von Zukunftsbetrachtungen im Unternehmen bei. Sie stellt zukunftsbezogene Forschungsaktivitäten auf ein theoretisches, methodisches und organisatorisches Fundament. Welcher Weg dabei beschritten wird und wie Unternehmen ihre Zukunftsforschung in der Praxis gestalten, zeigt dieses Buch.

---

[1]Vgl. Bühler und Willer (2016, S. 9).

[2]Vgl. Chia (2004, S. 21).

© Springer Fachmedien Wiesbaden GmbH 2017
I. Göpfert und R. Kersting, *Wie Unternehmen in die Zukunft blicken,*
essentials, DOI 10.1007/978-3-658-18909-9_1 1

1.1   Relevanz, Gegenstand und Stellenwert der Zukunftsforschung

Zukunftsforschung ist in der Unternehmenspraxis im Allgemeinen und auch speziell in der Logistik von großer Bedeutung. Die aktuellen Erkenntnisse der Zukunftsforschung werden von etwa jedem zweiten Unternehmen als „gut" oder „sehr gut" bewertet. Das Spektrum reicht dabei von zukunftswissenschaftlicher Grundlagenforschung über realitätsnahe Konzepte bis hin zur Erprobung in Pilotprojekten. Zukunftsforschung ist eine Methodenwissenschaft wie Informatik oder Statistik.[3] Ihre Sinnhaftigkeit und ihr Wirkungspotenzial entfaltet sie erst in der konkreten Anwendung. Besonders profitieren Wissenschaftler und Praktiker, welche in der Lage sind, die Fachexpertise in ihrem spezifischen Tätigkeitsfeld (der Logistik, dem Handwerk, der Medizin, der Pädagogik etc.) mit den Betrachtungsweisen und Methoden der Zukunftsforschung zu verknüpfen. Für Unternehmen stellt die Zukunftsforschung einen strategischen Erfolgsfaktor dar. Es geht im Kern um eine systematische Beschäftigung mit dem, was kommen könnte: „Den *Gegenstand der Zukunftsforschung* bildet die Entwicklung, die produktive Anwendung und die Kontrolle von Methoden für eine systematische Untersuchung der langfristigen Veränderung und Neubildung unterschiedlicher Realitätsausschnitte, in deren Ergebnis alternative und vorzuziehende Zukunftsbilder als Voraussetzung für eine aktive Zukunftsgestaltung entstehen."[4] Diese „universelle" Definition im Hinterkopf stellt es jedem Leser anheim, unsere Studienergebnisse auf die eigenen unternehmensspezifischen Fragestellungen zu übertragen. Unser Buch beschreibt den Status quo der Zukunftsforschung innerhalb der befragten Unternehmen. Der aktuelle Stand zeigt auf, wie facettenreich Zukunftsforschung in der Praxis ist. Ein besonderes Augenmerk unserer Analyse liegt auf der Logistik, die als attraktives Betätigungsfeld für Zukunftsforscher gilt. Zum einen hat sich die Logistik in der Vergangenheit immer wieder an sich ändernde Kontextfaktoren angepasst und qualitative Weiterentwicklungen (z. B. hin zum Supply-Chain-Management) erfahren; zum anderen stehen die Zeichen in der Logistikbranche aktuell erneut auf Um- und Aufbruch. Digitale Plattform-Modelle für (autonomen) Frachttransport, eine durch E-Commerce getriebene Konvergenz von KEP- und Speditionsgeschäft oder erste Anwendungen der Blockchain-Technologie für das Supply-Chain-Management seien beispielhaft

---

[3]Vgl. Wagenführ (1985, S. 571), Göpfert (2016, S. 7).
[4]Göpfert (2016, S. 9).

genannt. In einem solchen disruptiven Unternehmensumfeld ist eine leistungsfähige Zukunftsforschung eine wichtige Orientierungshilfe. Abb. 1.1 stellt einander gegenüber, welchen Stellenwert die Zukunftsforschung bei Logistikdienstleistern und Unternehmen aus Industrie und Handel aktuell einnimmt.

Einige Unterschiede im Umgang mit der Zukunftsforschung werden deutlich. Eine „herausragende Bedeutung" hat die Zukunftsforschung für 19 % der Industrie und Handelsunternehmen und für 7 % der Logistikdienstleister. Unternehmen dieser Kategorie K1 sind besonders forschungsstark in Bezug auf Zukunftsthemen. Sie messen auch dem Visionsmanagement eine herausragende Bedeutung bei. Mitarbeiter werden intensiv in Zukunftsforschungsaktivitäten eingebunden, eine gemeinsame Zukunftsvision wird „gelebt".

Der Modalwert liegt in beiden Befragungsgruppen in der zweithöchsten Antwortklasse (Kategorie 2): So geben 35,7 % der Logistikdienstleister und 38,6 % der Vergleichsgruppe an, dass Zukunftsforschung bei ihnen regelmäßig auf allen Managementebenen stattfinde und die Ergebnisse eine wichtige Basis für die Entscheidungsfindung bilden. Der Anteil der Unternehmen, deren Zukunftsforschung aktuell noch unterentwickelt ist und nur eine sehr geringe Bedeutung einnimmt,

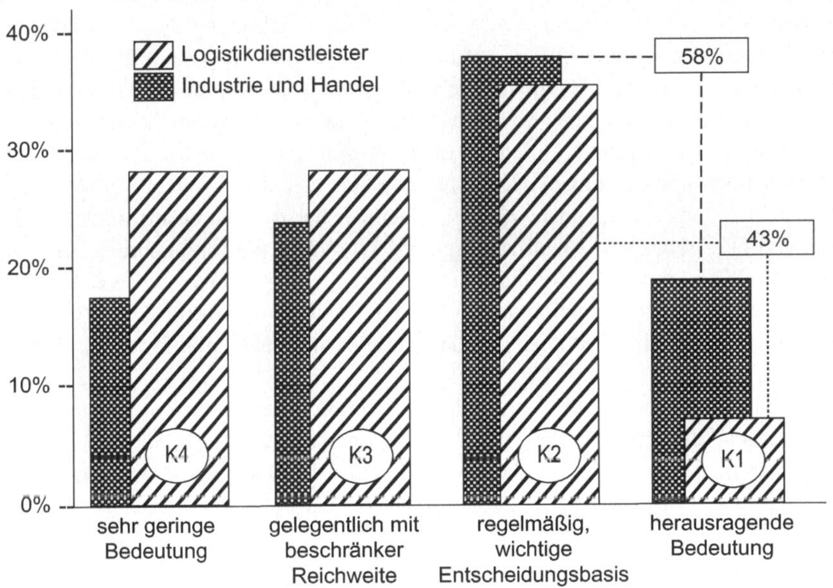

Abb. 1.1 Stellenwert der Zukunftsforschung. (Quelle: eigene Darstellung)

ist bei den Logistikunternehmen mit 28,6 % rund 11 % höher als bei Industrie und Handel (Kategorie 4). Diese Unternehmen haben keine Affinität zu einem wissenschaftlichen Umgang mit Zukunftsthemen; bei ihnen findet Zukunftsforschung allenfalls als „Nebenprodukt" sonstiger Planungsaktivitäten statt.

Wir können an dieser Stelle festhalten: Zukunftsforschung ist in der Praxis und speziell auch in der Logistik angekommen. Eine Basis für Diskussionen über Forschungsinhalte, Methoden und Konzepte ist damit gegeben. Im Branchenvergleich ist für die Logistik aber noch Entwicklungspotenzial vorhanden. Zwischen der Unternehmensgröße und dem Stellenwert der Zukunftsforschung ist interessanterweise keine signifikante ($\alpha > 10$ %) Korrelation (+0,149) nachweisbar.

1.2   Charakteristika und Methodik der Studie

Das *essential* basiert auf einer am Lehrstuhl für ABWL und Logistik der Philipps-Universität Marburg durchgeführten empirischen Studie, deren Ziel es ist, die Profile von Zukunftsforschung in der Unternehmenspraxis aufzuzeigen und zu interpretieren. Der Fokus soll auf inhaltlichen Aspekten liegen. Zum besseren Verständnis seien an dieser Stelle aber einige Anmerkungen zur Methodik vorangestellt. Die Erhebung wurde als schriftliche Befragung durchgeführt. Die vorliegende Auswertung basiert auf den Antworten von insgesamt 76 Unternehmen aus Industrie- und Handel sowie Logistikdienstleistung in Deutschland. Die größte Gruppe stellen dabei Unternehmen aus der Logistikbranche, auf die sich ein besonderes Augenmerk richtet. In der Vergleichsgruppe der Industrie- und Handelsunternehmen finden sich Unternehmen aus den Branchen Automobil, Maschinen- und Anlagenbau, Handel, Chemie/Pharma/HealthCare, Elektrotechnik und IT, Energie und Metallverarbeitung. Die befragten Unternehmen beschäftigen im Mittel rund 28.000 Mitarbeiter und erzielen einen Jahresumsatz von über 9 Mrd. EUR. Diese vergleichsweise großen Durchschnittswerte liegen in einer Stichprobenauswahl begründet, die die Top 500 Unternehmen in Deutschland einschloss.[5]

In einer kurzen Einführung wurde jeder Teilnehmer unserer Studie mit dem Gegenstand der Zukunftsforschung vertraut gemacht. Die Teilnehmer wurden angehalten, dabei immer an die unternehmenssubjektive Sicht im Sinne einer Beschäftigung mit langfristigen Veränderungen und völlig neuartigen Themen zu

---

[5]Ermittelt auf Basis der jährlich aktualisierten Datenbank der Zeitung „Die Welt".

denken. Anhand dreier Themenbereiche wurde exemplarisch der Charakter von typischen Fragestellungen der Zukunftsforschung verdeutlicht. Unsere Fragen erfassten nicht die subjektive Sicht des Einzelnen, sondern zielten auf die Unternehmenssicht. Die Befragungsperson wurde in ihrer Rolle als Repräsentant der Organisation befragt. Dies wurde speziell bei der Fragenformulierung berücksichtigt.

Die Mehrheit der Fragen wurde über fünfstufige Skalen erfasst. Der Wert 1 kennzeichnete dabei die geringste, der Wert 5 die höchste Ausprägung. Je nach Fragestellung wurden die beiden Pole der Skalen unterschiedlich benannt. Zustimmung konnte auf einer Skala von „stimme gar nicht zu" bis „stimme voll und ganz zu" ausgedrückt werden. Die Relevanz von Sachverhalten wurde mit Werten zwischen „gar nicht relevant" bis „sehr relevant" gemessen. Die Abgabe von Bewertungen reichte von „sehr schlecht" bis „sehr gut". Weitere Skalen waren analog aufgebaut. Werden im Folgenden Zahlenwerte zwischen 1 und 5 genannt, so handelt es sich – falls nicht anders beschrieben – um die Mittelwerte auf eben diesen fünfstufigen Skalen. Ferner umfasste das Erhebungsinstrument Fragen zum Ankreuzen von Mehrfachantworten und Freitextfelder für nicht-standardisierte Nennungen und Kommentare.

Organisation und Forschungsdesigns der Zukunftsforschung

2

2.1 Auslöser und Verankerung

Was den Anstoß für Zukunftsforschung gibt, unterscheidet sich zwischen den einzelnen Unternehmen stark. Die Empirie zeigt, dass zumeist mehrere Faktoren Zukunftsforschungsaktivitäten in Gang bringen. Bei unserer Befragung war es insofern auch möglich, mehrere Auslöser zu nennen. Bestimmte Veränderungen im Unternehmensumfeld können geradezu dazu zwingen Zukunftsforschung zu betreiben. So gab jedes zweite Unternehmen an, dass Änderungen der gesetzlichen Rahmenbedingungen Zukunftsforschungsaktivitäten nach sich ziehen. Zum Beispiel veranlassen zunehmende gesetzliche Einschränkungen für den Einsatz von Fahrzeugen mit Dieselmotoren dazu, innovative Antriebskonzepte für eine emissionsarme Transportlogistik der Zukunft zu erforschen. Bei der Frage nach dem Personenkreis zeigt sich eindeutig, dass das Management mit 68 % viel häufiger als die Mitarbeiter (45 %) den Anstoß gibt. Dieser Befund erstaunt nicht, da Zukunftsforschung in der Literatur wie auch in der Praxis meist mit strategischen Fragen in Beziehung gebracht wird. Es ist allerdings zu erwarten, dass der Belegschaft hier in Zukunft eine größere Relevanz zuteil wird. Vonseiten des Managements besteht ein Anreiz, die Zukunftsideen aller Mitarbeiterinnen und Mitarbeiter zu erschließen und zu nutzen. Die technischen und organisatorischen Möglichkeiten sind dafür besser denn je. Der unternehmensinterne „demokratisierende" Einsatz von Social Media und partizipative Zukunftsforschungsansätze seien beispielhaft genannt.

Die Wettbewerber sind nach unserer Erkenntnis der wichtigste unternehmensexterne Antriebsfaktor für Zukunftsforschung; 65 % setzten hier ein Kreuz. Konkurrenz um die Sicherung und den Ausbau der eigenen Position auf den zukünftigen Märkten treibt das Forschungsengagement maßgeblich voran. Die Gefahr, dass

© Springer Fachmedien Wiesbaden GmbH 2017

I. Göpfert und R. Kersting, *Wie Unternehmen in die Zukunft blicken*,
essentials, DOI 10.1007/978-3-658-18909-9_2

Tab. 2.1 Teamorientierung der Zukunftsforschung. (Quelle: Eigene Darstellung)

Zustimmungsskala	Stimme gar nicht zu	(1)	(2)	(3)	(4)	(5)	Stimme voll und ganz zu
„Zukunftsforschung betreibt man am besten im Team"		2,6 %	2,6 %	15,8 %	31,6 %	47,4 %	
„Zukunftsforschungsmethoden sollten sich für Gruppenarbeit eignen"		1,3 %	2,6 %	10,5 %	46,1 %	39,5 %	

das eigene Geschäftsmodell „von heute auf morgen" seine Daseinsberechtigung und Ertragskraft einbüßt, soll frühzeitig erkannt und gebannt werden. Dabei wird eine mehrheitlich proaktive Rolle der Zukunftsforschung erkennbar. Nur 28 % der Unternehmen geben an, dann erst mit Zukunftsforschung zu beginnen, wenn es bereits zu einer Verschlechterung des Betriebsergebnisses gekommen ist. Im Unterschied dazu identifiziert und adressiert die Forschung Zukunftsthemen eher planvoll und systematisch. Jedes dritte Unternehmen gab an, dass Zukunftsforschung letztlich auf aktuelle Ereignisse und Nachrichten zurückzuführen ist. Schließlich wird Zukunftsforschung durch das menschliche Bedürfnis, Neues und Unbekanntes kennenzulernen, entfacht. Von solcher Neugier[1] gehen bei 46 % der Unternehmen Zukunftsforschungsaktivitäten aus.

Die Frage, wie Zukunftsforschung in den Unternehmen stattfindet, beantwortet unsere Studie mit einem sehr differenzierten Bild. Unabhängig vom inhaltlichen Fokus stellen wir fest, dass Zukunftsforschung auf ganz unterschiedliche Weise organisiert ist. Das Spektrum reicht dabei von losen informellen Arrangements ohne feste Struktur über die Einrichtung einer Taskforce, Kooperationen mit der Gründerszene und Beteiligungen an Start-ups bis hin zu festen Verankerungen in der funktionalen Organisation durch die Anbindung an eine Abteilung oder gar die Anstellung dezidierter Zukunftsforscher (Corporate Futurists).

Betrachtet man die Arbeitsweise der Zukunftsforschung, zeigt sich, dass „Teams" besonders populär sind (Tab. 2.1). Sie stellen die meistgewählte Organisationsform dar.

Zwei Drittel aller Unternehmen realisieren solche Teamlösungen über die Einrichtung einer temporären Projektgruppe oder Taskforce. 57 % gaben an, dass die Teams „themenspezifisch" zusammengesetzt würden. Bei rund 60 % der Unternehmen wird

---

[1]Vgl. zum Begriff „Neugier" Regenbogen und Meyer (1998, S. 451).

Zukunftsforschung von dem Strategiezirkel der Führungsgremien geleistet. Ein identischer Anteil entfällt auf Forschungskooperationen mit Hochschulen, anwendungsorientierten Forschungsinstitutionen (z. B. Fraunhofer-Gesellschaft) oder Verbänden.

Für eine in weiten Teilen mittelständisch geprägte Logistikbranche können Kooperationen eine Teilhabe an größeren Forschungsprogrammen ermöglichen. Dies gilt sowohl für Fälle der logistisch-futuristischen Grundlagenforschung wie auch für anwendungsorientierte Vorhaben in Form gemeinsamer Pilotprojekte. Der Anteil der Logistikunternehmen mit Erfahrungen bei der Beteiligung an öffentlichen Forschungsprogrammen, wie sie etwa von der EU oder einzelnen Ministerien aufgelegt werden, liegt mit 28 % deutlich unter der Beteiligungsquote der übrigen Unternehmen (50 %). Zumeist wird Zukunftsforschung in Eigenleistung erbracht. Der Anteil der Unternehmen, die externe Berater beauftragen, liegt insgesamt nur bei rund einem Drittel. In 17 Fällen wurden dafür etablierte Unternehmensberatungen engagiert. Neun Unternehmen nahmen spezialisierte Zukunftsforschungsinstitute unter Vertrag. Eine kleine Gruppe von fünf Unternehmen verpflichtet selbstständige Unternehmensberater oder professionelle Zukunftsforscher.

Neben der Digitalisierung gehören Start-ups als neue „Player" in der Logistik zu den aktuellen Top-Themen in der Branche. Es handelt sich dabei um „junge, noch nicht etablierte Unternehmen, die zur Verwirklichung einer innovativen Geschäftsidee (...) gegründet werden"[2]. Für die Zukunftsforschung sind Start-ups als Innovationstreiber und Ideengeber von besonderem Interesse. Märkte und Kunden werden neu definiert, neue Ertragsmodelle entstehen. In der Logistik kommt es zu einer Entflechtung traditioneller Geschäftsmodelle. Beispielsweise ist eine Konvergenz zwischen Leistungen im KEP- und Speditionsgeschäft festzustellen. Die empirischen Ergebnisse unserer Studie zeigen, dass branchenübergreifend bereits jedes dritte Unternehmen zum Zwecke der Zukunftsforschung mit der Gründerszene zusammenarbeitet oder sich finanziell an Start-ups beteiligt. Logistikdienstleister experimentieren zunehmend im Umfeld der Start-up-Szene und suchen die Nähe zu den Jungunternehmen in Orten wie Berlin, dem Silicon Valley oder Indien.

Viele Unternehmen – insbesondere Konzerne – bevorzugen eine Ansiedlung der Zukunftsforschung außerhalb der funktionalen Konzernstruktur. Die Forscher arbeiten so frei von der Schwerfälligkeit und den eingefahrenen Routinen der Mutterorganisation. Zunehmend werden auch dezidierte Zukunftsforschungszentren gegründet. Diese Gründungen firmieren unter Namen wie „Future

---

[2]Springer Gabler Verlag (2017), online.

Supply Chain Lab" oder „Foresight and Innovation Center" und bündeln Forschungsaktivitäten an einem Ort. Ein Viertel der befragten Unternehmen betreibt Zukunftsforschung in solchen Zentren. Es fällt auf, dass nur 21 % der Befragten Zukunftsforschung als Aufgabe aller Mitarbeiter begreifen. Egal in welcher Form Zukunftsforschung im Unternehmen stattfindet, sie soll sich auf den Blick voraus konzentrieren und kein Störfaktor für die operativen Prozesse und die dort tätigen Mitarbeiter sein.

2.2 Ausrichtung und Besonderheiten der logistischen Zukunftsforschung

Die Ausgestaltungsformen der Zukunftsforschung sind vielfältig. Die Befragten wurden gebeten, auf elf polaren Skalen mit jeweils fünfstufiger Antwortmöglichkeit die Art und Weise zu beschreiben, wie Zukunftsforschung im eigenen Unternehmen stattfindet (Abb. 2.1). Der Wert „3" kennzeichnet dabei das Skalenmittel. Der Pfeil zeigt an, ob die Logistikunternehmen im Branchenvergleich eher zur linken oder zur rechten Ausprägung tendieren.

Die Zukunftsforschung ist schwerpunktmäßig unternehmensintern ausgerichtet. Der Modalwert wird allerdings bei den Industrie- und Handelsunternehmen wie auch den Logistikdienstleistern durch das Skalenmittel „sowohl als auch" markiert. Dabei fällt auf, dass kein Logistikdienstleister seine Zukunftsforschung als eher oder ausschließlich unternehmensextern klassifiziert (Tab. 2.2).

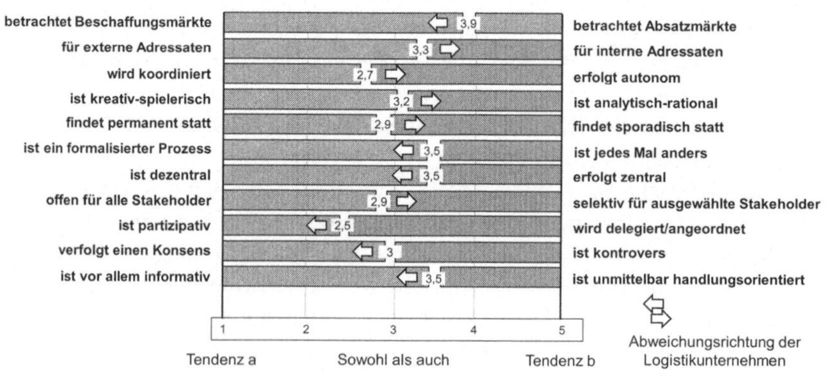

Abb. 2.1 Ausrichtung der Zukunftsforschung. (Quelle: Eigene Darstellung)

Tab. 2.2 Unternehmensinterne vs. externe Zukunftsforschung. (Quelle: Eigene Darstellung)

Ausrichtung der Zukunftsforschung

	Unternehmens-intern	Eher unter-nehmens-intern	Sowohl als auch	Eher unter-nehmens-extern	Unterneh-mens-extern
Industrie u. Handel	14,5 %	24,2 %	45,2 %	11,3 %	4,8 %
Logistik-dienstleister	7,1 %	35,7 %	57,1 %	./.	./.

Die Umfragedaten zeigen eine starke Ausrichtung auf Zukunftsfragen der Absatzmärkte. Beschaffungsmärkte sind von nachrangiger Bedeutung. Die Befragten beschreiben ihre Zukunftsforschung mehrheitlich als partizipativ. Relevante Anspruchsgruppen, insbesondere aus dem Kreis der Mitarbeiter, werden in die Zukunftsforschung einbezogen (Wert 2,5). Für die Qualität der Ergebnisse ist eine möglichst offene und ungezwungene Beteiligung erforderlich. Über Crowdsourcing lässt sich die Beteiligung an Zukunftsforschungsprojekten auf einen sehr großen Kreis unternehmensinterner und -externer Teilnehmer erweitern. Ein „Crowd-Futuring" kann sich über internetbasierte Plattformen an eine große Anzahl (anonymer) Teilnehmer richten und damit Zukunftsarbeiten auslagern. Die Idee einer Öffnung der Zukunftsforschung für interessierte Anwender kann funktionieren, sofern strategische und Geheimhaltungsgründe dem nicht entgegenstehen. Das Prinzip der „Weisheit der Masse" fand bereits in vielen Bereichen (z. B. der Produkt- oder Softwareentwicklung) erfolgreich Anwendung. Aufgrund neuer technischer Möglichkeiten und offenerer Unternehmenskulturen ist in Zukunft eine verstärkte Einbeziehung der „Crowd" zu erwarten.

Ein Beispiel für Crowd-Futuring sind Prediction Markets. Als börsenähnliche Vorhersagemärkte nutzen sie das Wissen und die Einschätzungen vieler „Händler" um daraus konkrete Vorhersagen zu treffen. Dabei werden konkrete Prognosen getroffen (z. B. „Staatsoberhaupt XY wird erneut gewählt"). Der „Kurs" einer Prognose wird durch Angebot und Nachfrage bestimmt: Je höher eine Prognose notiert, desto mehr Teilnehmer glauben an den Eintritt des Ereignisses.

Vergleicht man die Antworten der Logistikunternehmen mit den Antworten der Industrie- und Handelsunternehmen werden einige interessante Unterschiede deutlich. Die Signifikanz der Mittelwertunterschiede zwischen den Gruppen „Logistiker" und „Industrie und Handel" wurde mit einem zweiseitigen t-test in der Statistiksoftware SPSS überprüft. Dazu wurde zunächst mittels Levene-Test

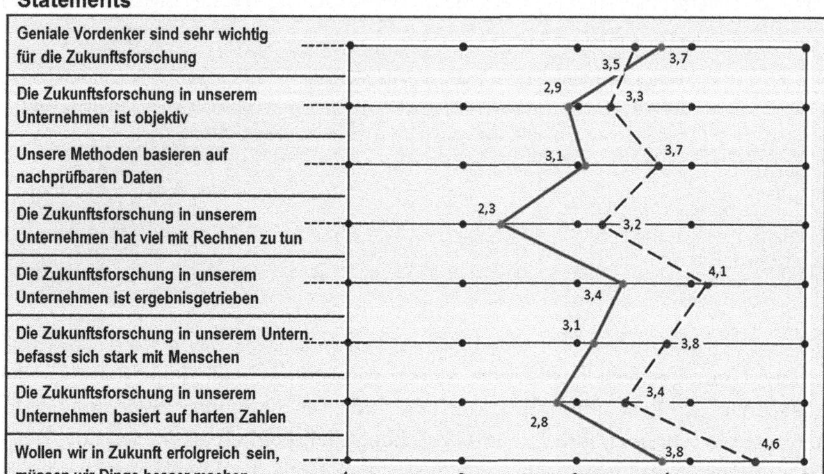

Abb. 2.2 Aussagen zur Ausgestaltung der Zukunftsforschung: Zustimmungsgrad. Die gestrichelte Line kennzeichnet die Logistikdienstleister; die durchgezogene Linie bildet die Unternehmen aus Industrie und Handel ab. (Quelle: Eigene Darstellung)

auf Varianzhomogenität geprüft und schließlich das Signifikanzniveau des Mittelwertunterschieds errechnet. Abb. 2.2 veranschaulicht die Differenzen zwischen den beiden Unternehmensgruppen. Es wurden Fragen ausgewählt, deren Mittelwerte sich auf einem Signifikanzniveau von 5 % unterscheiden.

Langfristiger Erfolg erfordert Veränderung, Weiterentwicklung, Verbesserung und Neuausrichtung unternehmerischer Aktivitäten und Geschäftsmodelle. Bestehende Aktivitäten werden auf Optimierungsmöglichkeiten hin geprüft, neue Geschäftsfelder erschlossen. Es besteht Einigkeit, dass zukünftiger Erfolg an Veränderungsbereitschaft und -fähigkeit geknüpft ist. In der Umsetzung zeigen sich aber Unterschiede. Die Logistiker sehen einen deutlich höheren Optimierungsdruck. Einen sehr hohen Zustimmungswert von 4,57 geben sie der Aussage, man müsse, um in Zukunft erfolgreich zu sein, die „Dinge besser machen". Die Logistik rückt hier Effizienzsteigerungen bei bestehenden logistischen Strukturen und Prozessen in den Vordergrund. Als Beispiel seien Transporte auf der letzten Meile genannt, die sich durch eine Automatisierung und intelligente Software bedeutsam verbessern lassen. Interessanterweise ergibt sich bei der Frage, ob auch „Dinge anders gemacht" werden müssen, kein signifikanter ($\alpha > 0{,}10$)

Unterschied zwischen den Logistikern und den Industrie- und Handelsunternehmen. 76,3 % aller Unternehmen stimmten dieser These zu. Zur Diskussion stehen hier qualitativ neue Problemlösungen. Statt etwa in der Herstellung erprobte Verfahren weiter zu verbessern, wird nach gänzlich anderen Lösungen gesucht. Die Anwendung der 3-D-Druck-Technologie ist hier ein viel diskutiertes Beispiel um Prozesse (z. B. Ersatzteil-Logistik) auf andere Art und Weise anzugehen.

In der logistischen Zukunftsforschung wird stärker als bei den Unternehmen aus Industrie und Handel versucht, Sachverhalte zu quantifizieren. Die Logistikbranche neigt signifikant ($\alpha > 0{,}05$) stärker dazu für die Zukunftsforschung „harte" Zahlen heranzuziehen. Jedoch mit durchschnittlichen Werten von 2,82 (Logistik) bzw. 3,43 (Industrie und Handel) orientiert sich die Zukunftsforschung unserer Studienteilnehmer nur mittelmäßig stark an Zahlen. Wie bereits erwähnt unterliegen Prognosen immer der Unsicherheit. Für eine logistische Vorausschau sind neben qualitativen aber auch quantitative Tendenzaussagen über die zukünftige Entwicklung logistischer Rahmenbedingungen und Parameter sinnvolle Orientierungsgrößen. Regelmäßig wird etwa die Güterverkehrsleistung prognostiziert, um Anhaltspunkte zur Planung der logistischen Infrastruktur zu erhalten. Die Entwicklung des Ölpreises determiniert ferner ganz entscheidend das Transportvolumen und die Verkehrsträgerwahl. Zur Gestaltung der Logistiksysteme ist es weiterhin interessant, mit welchem Tempo die Urbanisierung voranschreiten wird. Auch Determinanten des Konsumentenverhaltens sind von Interesse. Als Beispiel seien Prognosen für das Marktvolumen von Same-Day-Lieferungen in zehn Jahren genannt.

Ein schwach signifikanter ($\alpha < 0{,}10$) Unterschied von 0,64 Punkten auf der Zustimmungsskala liegt bei der Aussage „Die Zukunftsforschung in unserem Unternehmen befasst sich stark mit Menschen" vor. Obgleich die Logistiker wie oben angesprochen eine gewisse Quantifizierbarkeit der Zukunftsforschung befürworten, berücksichtigen sie bei der Zukunftsforschung den „Faktor Mensch" stärker als Unternehmen anderer Branchen. In der Logistik finden sich viele Aktivitäten, die menschliche Arbeitskraft benötigen. Beispielsweise wird in der Speditionsbranche schon seit langem ein Mangel an qualifizierten Fahrern beklagt. Der durch E-Commerce verursachte Anstieg des Paketvolumens treibt die Nachfrage nach Kurieren. Informatiker sind in der Logistik derzeit besonders gefragt. Gleichzeitig wandeln sich die lohnintensiven Bereiche der Logistik durch Digitalisierung und weiterer Automatisierung. Für die Zukunftsforschung liegt gerade an der logistischen Schnittstelle zwischen „Mensch und Maschine" ein spannendes Forschungsfeld. Die oftmals von Start-ups entwickelten Lösungen für technische Unterstützung von Picking-Prozessen durch Augmented Reality oder Robotik seien beispielhaft genannt. Die in unserer Studie befragten Praktiker gehen mehrheitlich davon aus, dass die Substitution repetitiver Tätigkeiten durch automatisierte kapitalintensive Prozesse eine neue Qualität bekommt. Von Mitarbeitern verrichtete Tätigkeiten werden dem Umfang nach abnehmen und sich in ihrer Art verändern.

2.3   Informationsquellen

Da es die Zukunft noch nicht gibt, kann der Zukunftsforscher keine „Zukunftsdaten" erheben. Empirisches Datenmaterial kann nur vergangene oder gegenwärtige Sachverhalte abbilden. In der Zukunftsforschung werden aus der Vergangenheit bekannte Muster und Ursache-Wirkungs-Beziehungen genutzt, um beispielsweise Trends mithilfe mathematischer Gleichungen fortzuschreiben (Extrapolation) oder Simulationen für Wenn-Dann-Szenarien durchzurechnen. Interpretation, Intuition, Kreativität und Fantasie helfen vorliegende Daten zu interpretieren und Entwicklungen „vorauszudenken". Jede Spekulation stützt sich aber mehr oder weniger implizit auf bestimmte Annahmen und (mentale) Modelle, die Input in Form von Informationen benötigen. Verschiedenartige Informationsquellen können dabei Verwendung finden. Wir haben die Nutzungshäufigkeit verschiedener Informationsquellen für Zwecke der Zukunftsforschung erhoben, um zu bestimmen, auf welche Aussagenbasis sich die Betrachtungen stützen. Der Wert 1 zeigt dabei die geringste, der Wert 5 die höchste Nutzungshäufigkeit an. Die am häufigsten genutzten Informationsquellen sind Gespräche im Unternehmen (4,14) sowie mit Externen (4,05), Publikationen der Fach- (4,07) sowie der allgemeinen Presse (3,71), wissenschaftliche Literatur (3,49), interne Zahlen (3,92), persönliche Kontakte auf Konferenzen (3,64) und Messen (3,56), das Suchen im Internet (3,51) sowie Kooperationen mit Hochschulen (3,39).

Mit Ausnahme einiger unternehmensinterner Zahlen fließt statistisches Zahlenmaterial nur gelegentlich in die Zukunftsforschung ein. So weisen Statistiken etwa von Eurostat oder Wirtschaftsforschungsinstituten sowie Finanzmarkt- oder Patentdaten vergleichsweise geringe Nutzungshäufigkeiten zwischen 2,79 und 2,53 auf. Die Dominanz „weicher" Inputs für die Zukunftsforschung erstaunt nicht. Der langfristige Zeithorizont erlaubt nur begrenzt eine funktionsmäßige Fortschreibung empirischer Daten in die Zukunft. Werden bei der Berechnung zukünftiger Größen die zugrunde liegenden Prämissen plausibilisiert, explizit gemacht und z. B. mittels Szenariotechnik variiert, können (quantitative) Prognosen von Schlüsselgrößen gleichwohl einen wertvollen Beitrag zur Fundierung eines Zukunftsforschungsprojektes liefern. Zur Abschätzung logistikrelevanter Kontextfaktoren können etwa Schlüsselgrößen wie die Güterverkehrsleistung oder Bevölkerungsentwicklung herangezogen werden. Gerade im Bereich der logistischen Infrastruktur muss bereits mehrere Jahrzehnte vor gewünschter Fertigstellung mit Planung und Bau begonnen werden. Eine fortlaufende Begleitung logistischer Projekte mit Methoden der Zukunftsforschung kann dazu beitragen, die endgültige Festlegung von Investitionen im Sinne des Postponements auf den spätmöglichsten Zeitpunkt zu verschieben und möglichst lange flexibel zu halten.

Ein kreativer Zugang über „Zukunftsinformationen", die in kulturellen Werken aus Literatur, Film oder Kunst enthalten sind, wird in der Praxis bisher kaum gesucht. Fast alle Befragten gaben an, solche Quellen nie oder nur sehr selten zu nutzen. Im Bereich der zukunftswissenschaftlichen Auftragsforschung haben diese Quellen aber durchaus eine gewisse Relevanz. Ein Experteninterview mit dem Leiter der „Phantastischen Bibliothek" in Wetzlar konnte dies bestätigen.

2.4 Umweltbereiche und Zeithorizonte

Charakteristisch für Zukunftsforschung ist eine differenzierte Berücksichtigung verschiedener Umweltbereiche im lokalen und globalen Unternehmensumfeld. Unsere Befragung erfasste für einzelne Umweltbereiche sowohl die generelle Relevanz in Bezug auf zukunftsforschende Fragestellungen als auch die Länge des Zeithorizonts, der für jeden Umweltbereich berücksichtigt wird.

In Bezug auf Veränderungen im unmittelbaren Unternehmensumfeld („lokale Umwelt") zeigt sich, dass Kunden für die Zukunftsforschung die weitaus höchste Relevanz (MW = 4,34) haben; gefolgt von Mitarbeitern/Personal (MW = 3,76) sowie aktuellen und potenziellen Wettbewerbern (MW = 3,68). Veränderungen, die die Kapitalgeber betreffen, werden als vergleichsweise unwichtig eingestuft (MW = 2,54). Kooperationspartnern wird eine mittlere Bedeutung zugeschrieben (MW = 3,12). Ein besonderer Fokus auf langfristige Betrachtungen findet sich bei Kunden, Personal und Kooperationspartnern. In diesen Bereichen sind über 30 % aller Themen, mit denen sich das Unternehmen auseinandersetzt, langfristiger Natur. Für den Fall der Kooperationspartner ergibt sich eine Notwendigkeit für langfristige Betrachtungen zum Beispiel aus der ohnehin zeitintensiven Suche und Auswahl geeigneter Partnerunternehmen und dem anschließenden Aufbau gemeinsamer Projekte. Zukunftsforschung hilft langfristig aussichtsreiche Partner ausfindig zu machen, die vom heutigen Standpunkt aus betrachtet noch gar nicht im Blickfeld sind. Rückt etwa im Zuge des autonomen Fahrens das Lenken von Fahrzeugen in den Hintergrund, werden sich Automobile verstärkt zu alternativ nutzbaren Aufenthaltsräumen wandeln. Bei der Gestaltung dieser Räume ergeben sich Möglichkeiten, die weit über Fragen des klassischen „Interieurs" hinausgehen und beispielsweise Kooperationen zwischen Automobilherstellern und Wohnungseinrichtungshäusern nahelegen würden.

Die „globale Umwelt" wird beschrieben durch sozio-kulturelle, technologische, politisch-rechtliche, ökonomische und ökologische Faktoren. Diese Rahmenbedingungen werden mit Ausnahme der politisch-rechtlichen Faktoren durchweg längerfristig betrachtet als die Bereiche der lokalen Umwelt. Technologische Faktoren weist unsere Studie dabei als besonders relevant aus (MW = 4,49). Die Antworten der Befragten zur Bedeutung von Technologie weisen zudem die geringste Streuung (sd = 0,82) auf. Es besteht große Einigkeit, dass technologische Veränderungen in der Zukunftsforschung zu berücksichtigen sind. Ebenfalls stark gewichtet werden die ökonomischen Rahmenbedingungen, allerdings werden ökonomische Themen kurzfristiger betrachtet als die Technologie oder auch sozio-kulturelle Aspekte. Bei Letzterem widmen sich 56 % der Forschungsaktivitäten langfristigen Fragestellungen. Der Zeithorizont zukunftswissenschaftlicher Studien geht über die Zeitspanne der strategischen Planung hinaus. Nicht selten blicken Zukunftsforscher 20 oder gar 50 Jahre voraus. Bei Zukunftsforschung, die einen besonders langen Zeitraum von mehr als 20 Jahren betrachtet, dominieren in unserer Studie die Bereiche Ökologie (Rang 1), Sozio-Kulturelles (Rang 2) und Technologie (Rang 3).

2.5   Zukunftsforschungsmethoden

Methoden nutzen die individuelle Fähigkeit zur Vorausschau auf eine systematische Art und Weise um zukunftsrelevante Erkenntnisse explizit zu machen. Eine Methode bezeichnet ein „auf einem Regelsystem aufbauendes Verfahren, das zur Erlangung von (wissenschaftlichen) Erkenntnissen oder praktischen Ergebnissen dient."[3] Zukunftsforschungsmethoden sind Anleitungen, die den Zukunftsforschungsprozess regelbasiert begleiten. Unsere Studie zeigt, dass die Zukunftsforschung inzwischen in der Unternehmenspraxis bemerkenswert stark institutionalisiert ist. Im Vergleich zu benachbarten Disziplinen wie etwa dem Innovationsmanagement oder der Marktforschung befindet sich die Zukunftsforschung aber noch in einer früheren Entwicklungsphase. Dies ist etwa an dem Reifegrad der Methoden und starken Divergenzen bezüglich des Gegenstandes der Zukunftsforschung ersichtlich. Um eine größtmögliche Vergleichbarkeit auf

---

[3]Dudenredaktion (2010, S. 667).

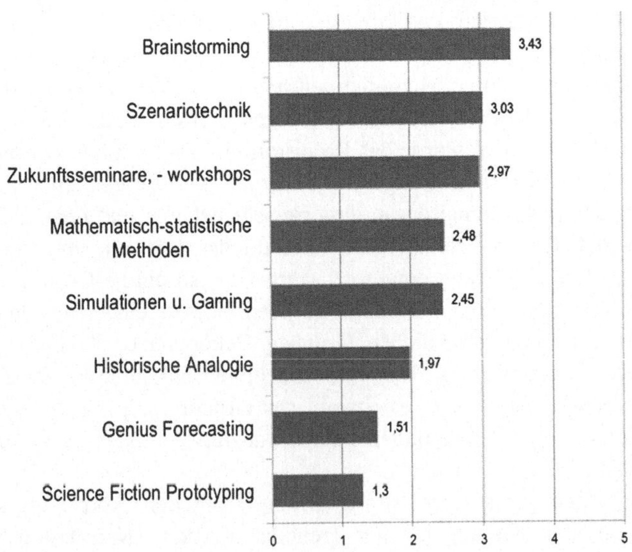

Abb. 2.3 Einsatzhäufigkeit ausgewählter Methoden in der Zukunftsforschung. (Quelle: Eigene Darstellung)

der Ebene der Einzelfragen zu erreichen, wurden an einigen Stellen Beispiele zur Veranschaulichung genannt. Um sicherzustellen, dass die Antwortpersonen bei der Frage nach den einzelnen Zukunftsforschungsmethoden den Gegenstand der Methode „richtig" verstanden, wurde die betreffende Frage um ein Glossar ergänzt. Das Glossar brachte den Inhalt jeder einzelnen Methode in zwei bis drei Sätzen auf den Punkt. Die befragten Personen wurden gebeten anzugeben, wie bekannt einzelne Methoden in ihrem Unternehmen sind und wie häufig diese zum Einsatz kommen (Abb. 2.3)[4].

Brainstorming-Methoden regen zum Nachdenken an. Sie dienen der Produktion und Explikation von Gedanken und Ideen für Zukunftsbilder. Es existieren gruppentaugliche Methoden sowie Varianten für den Einzelanwender. Das Futures-Wheel, Mind-Mapping oder die Nominal Group Technique sind

---

[4]Die fünfstufigen Skalen messen dabei die Einsatzhäufigkeit und die Bekanntheit zwischen 1 („kommt nie zum Einsatz" bzw. „ist unbekannt") bis 5 („kommt sehr oft zum Einsatz" bzw. „ist sehr gut bekannt").

Beispiele für diese Art der Zukunftsforschungsmethoden. Brainstorming-Methoden sind in den befragten Unternehmen sehr gut bekannt (MW = 4,09) und finden von allen untersuchten Methoden am häufigsten Anwendung (MW = 3,43). Die Bewertung auf Basis der Praxiserfahrungen beurteilen unsere Studienteilnehmer positiv. Fünfzehnmal wurde das Brainstorming als Methode genannt, mit der besonders positive Erfahrungen gemacht wurden. Die Beliebtheit der Brainstorming-Methoden liegt einmal darin, dass sie sehr bekannt und für die Teilnehmer leicht verständlich sind. Brainstorming „kennt jeder", „ist allgemeinhin bekannt" und kann „auf allen Ebenen eingesetzt werden" – so einige Gründe der Praktiker. Ein weiterer Pluspunkt wird darin gesehen, dass es eine sehr demokratische Methode ist, die unterschiedlichen Gruppen Gehör verschafft und viele Ideen hervorbringt. Brainstorming sei eine mächtige Zukunftsforschungsmethode, die „völlig neue" Fakten liefere, obwohl das Grundprinzip einfach sei, wie ein Geschäftsführer eines Logistikdienstleisters ausführt: „Jeder kann einfach mal kreativ aufschreiben, was er denkt."

Die Anwendungsrate der Brainstorming-Methoden korreliert signifikant (p > 0,01) mit der Nutzung eigener Trenddatenbanken (Korrelationskoeffizient +0.445) und der Informationsquelle „Gespräche im Unternehmen" (Korrelation +0.424). Da Brainstorming-Methoden oftmals bewusst mit einem offenen Denken „ins Blaue" hinein starten, ist es ratsam, die Ergebnisse unterschiedlicher Anwendungsfälle in einer „Datenbank" abzulegen. Der Zukunftsforscher hat die Aufgabe aufblitzende Ideen festzuhalten, damit sie sich nicht verflüchtigen.

Eine personengebundene Methode stellt das „*Genius Forecasting*" da. Hierbei handelt es sich um das Treffen einer Vorhersage durch einzelne, „renommierte" Persönlichkeiten auf Basis von Intuition, Erfahrungswissen und Bauchgefühl. Diese Methode ist eng mit visionären Unternehmensführern und einer entsprechend geprägten Unternehmenskultur verbunden. Zwei Drittel stimmten zu, dass geniale Vordenker sehr wichtig für die Zukunftsforschung seien. Die methodengestützte Vorausschau durch „Genius Forecasting" ist in der Praxis allerdings weder bekannt noch verbreitet. Der Modalwert liegt in unserer Studie bei den Antwortkategorien „ist gänzlich unbekannt" und „kommt nie zum Einsatz". Vielmehr vertreten 79 % die Meinung, Zukunftsforschung betreibe man am besten im Team. Lediglich 7,9 % der Unternehmen stützen ihre Zukunftsforschung auf die Einschätzungen angesehener Einzelpersonen. Die wenigen Unternehmen, die mit Genius Forecasting besonders gute Erfahrungen gemacht haben, berufen sich oft auf eine „gemeine Firmenphilosophie": Genius Forecasting werde seit langem so gelebt und sei sowohl schnell als auch kostengünstig. Zweifellos gibt es Menschen, die sich durch besondere Weitsicht auszeichnen und für Zukunftsforschungsprojekte überdurchschnittlich gute Beiträge leisten. Es empfiehlt sich aber diese Personen etwa im Rahmen von Workshops zu integrieren. In der Diskussion lassen sich Einzelideen auf ihre Sinnhaftigkeit prüfen und weiterentwickeln. Die Gesprächspartner dienen dabei als Korrektiv.

Zukunftsworkshops, -seminare oder -werkstätten dienen der partizipativen Erforschung und aktiven Gestaltung der Zukunft. Zwar bestehen zunehmend technische Möglichkeiten für kostengünstige, virtuelle Konferenzen. Der Nutzen von Zukunftsworkshops liegt aber ganz wesentlich in der gegenseitigen Interaktion und lebt von einer kreativen „Atmosphäre" der Veranstaltung. Insofern ist für die Zukunftsforschung eine physische Zusammenkunft vorzuziehen. Oft lassen sich schon mit dem Zusammenbringen und Moderieren unternehmensinterner Expertengruppen nennenswerte Forschungsergebnisse erzielen, wie einer der befragten Geschäftsführer seine guten Erfahrungen mit Zukunftsworkshops begründet: „Wir haben die Experten im Haus". Die Einsatzhäufigkeit von Zukunftsworkshops liegt im Methodenvergleich mit 2,97 auf der Häufigkeitsskala im Mittelfeld. Auf Basis unserer eigenen Erfahrungen mit derartigen Workshops können wir das empirische Ergebnis einer „gelegentlichen" Durchführung als geeignet bestätigen. Konkret bietet sich hier ein halbjährlicher Turnus an. Zukunftsworkshops sind nur im weiteren Sinne als eine „Methode" zu bezeichnen. Sie schaffen einen zeitlichen und thematischen Anlass, der ausgewählte Personen an einem Ort zusammenbringt und den Rahmen zum Einsatz von Zukunftsmethoden im engeren Sinne liefert. So ist beispielsweise eine positive Korrelation (+0.504) zwischen den Einsatzhäufigkeiten von Zukunftsworkshops und Brainstorming-Methoden bei einer sehr geringen Irrtumswahrscheinlichkeit von 1 % empirisch nachweisbar. Eine kombinierte Anwendung von Zukunftsworkshops und Brainstorming-Sessions scheint sich in der Praxis zu bewähren.

Die *Szenariotechnik* konstruiert alternative Entwicklungspfade für einen Untersuchungsgegenstand mittels Identifikation, Projektion und anschließender Bündelung von Einflussfaktoren zu logisch stimmigen Zukunftsbildern (Szenarien[5]). Sie gilt als ein „Klassiker" unter den Zukunftsforschungsmethoden und kann mehrere Phasen des Zukunftsforschungsprozesses begleiten. Dabei vereinigt die Szenariotechnik oft weitere Methoden in sich. In Wissenschaft und Praxis haben Szenariostudien eine weite Verbreitung gefunden. Die Spielarten reichen von einer qualitativ-argumentativen Szenariobildung bis zu quantitativer Szenariomodellierung mithilfe spezieller Software. In unserer Studie stellen wir eine starke und hochsignifikante Korrelation (+0.588; p < 0,01) zwischen dem Einsatz

---

[5]Vgl. O'Brien (2004, S. 709).

der Szenariotechnik und Simulationen fest. In Simulationen werden definierte Realitätsausschnitte (Modelle) in einer künstlichen Umgebung nachgeahmt. Diese Methodenart kann zum Beispiel in Form von „What-if"-Analysen Eingang in Szenariostudien finden. Durch eine Variation logistikrelevanter Parameter (z. B. Nachfragevolumen, Dieselpreis) werden alternative Zukunftsbilder und Handlungsoptionen „durchgespielt". Ein positiver Zusammenhang (Korrelation: +0.434) lässt sich ebenfalls zwischen Szenariotechnik und Methoden der Umfeldbeobachtung und Früherkennung signifikant ($\alpha = 0{,}01$) nachweisen. Die gerichtete oder ungerichtete Beobachtung verschiedenartiger Treiber der Veränderung bildet meist den Anfang einer Szenarioentwicklung. Es zeigt sich in unserer Studie, dass mit starkem Einsatz der Szenariotechnik häufiger eine eigene Trenddatenbank gepflegt wird, in der auch aufgespürte schwache Signale, überraschende Ereignisse und aufkeimende Themen „abgelegt und gespeichert" werden. Zur Analyse von Wechselwirkungen zwischen den einzelnen Einflussfaktoren hat sich die Cross-Impact-Analyse etabliert. Zwischen der Wechselwirkungsanalyse und der Szenariotechnik besteht ebenfalls ein signifikanter ($\alpha = 0{,}01$) und mittelstarker (0,397) Zusammenhang. Im Vergleich zu den übrigen Methoden wird bei der Szenariotechnik sehr deutlich, dass es sich um eine integrative Methode handelt, die häufig in Kombination mit anderen Methoden eingesetzt wird. Die Szenariotechnik kommt überdurchschnittlich häufig zum Einsatz (MW = 3,03) und gehört zu den bekanntesten Methoden (MW = 3,80).

Die Befragten konnten in einem Freitextfeld drei Methoden eintragen, mit denen sie besonders gute Erfahrungen gemacht haben, und entsprechende Gründe dafür aufschreiben. Die Szenariotechnik ist hier mit einundzwanzig Nennungen das mit Abstand beliebteste Instrument. Der integrative Charakter bei gleichzeitiger Offenheit gegenüber alternativen Zukünften wird hier besonders hervorgehoben. Eine befragte Zukunftsforscherin aus der Automobilindustrie lobt etwa die Fähigkeit der Szenariotechnik, eine Bandbreite möglicher Entwicklungen in sich schlüssig abzubilden. Für einen der befragten Logistikleiter liegt die Popularität der Methode in den guten Kombinationsmöglichkeiten mit anderen Methoden begründet. Der Geschäftsführer eines Logistikdienstleisters hat mit der Szenariotechnik die positive Erfahrung gemacht, dass jeder die Konsequenzen schnell nachvollziehen kann.

Ähnlichkeiten mit der Szenariotechnik weist das Roadmapping auf. Im Unterschied zu explorativen Szenarien zeigen Roadmaps keine alternativen Entwicklungspfade. Während sich die Szenariotechnik durch ein „Denken in Alternativen" auszeichnet, sind Roadmaps stark normativ geprägt. Sie weisen den Weg vom Status quo zu einem angestrebten Ziel innerhalb eines definierten Zeitfensters und legen dafür zu erreichende Meilensteine und nötige Aktionen fest. In der

Regel werden Roadmaps visuell dargestellt. Sie gehören zum festen Repertoire der anwendungsbezogenen Zukunftsforschung und besitzen nach den Brainstorming-Methoden die zweithöchste Einsatzhäufigkeit (MW = 3,37). Ihre Bekanntheit liegt etwa auf dem Niveau der Szenariotechnik (MW = 3,89).

Die *Delphi-Technik* gehört wie die Szenariotechnik zu den „originären" und intuitiven Zukunftsforschungsmethoden und kann als eine Form der interaktiven Expertenbefragung betrachtet werden. Praktiker und/oder Wissenschaftler werden in mehreren Runden zu einem Thema befragt.[6] Die rundenweise erhobenen Einschätzungen werden vom Forscher verdichtet und dienen den Teilnehmern in anonymisierter Form zum Überdenken und zur Neujustierung ihrer Antworten in der Folgerunde. Im Ergebnis dieser mehrstufigen Meinungsbildung steht ein Konsens über ein kollektives Zukunftsbild. Das Vorgehen steht damit dem für Zukunftsforschung typischen Denken in Alternativen entgegen. Interessanterweise besteht eine signifikante ($\alpha = 5\,\%$) positive Korrelation (+0.242) zwischen der Bekanntheit der Szenariotechnik und dem Konsensstreben[7]. Bei der Szenariotechnik findet sich dieser statistische Zusammenhang nicht.

Von den weniger bekannten Methoden sei an dieser Stelle das *Science-Fiction Prototyping*[8] *(SFP)* erläutert. Zwar haben bereits 19 Unternehmen schon Erfahrungen im Einsatz mit dieser Methode, fast alle geben aber an, diese Methode bisher nur selten zu verwenden. Die Bekanntheit fällt mit einem Wert von 1,95 noch sehr gering aus, es ist jedoch mit einem steigenden Bekanntheitsgrad zu rechnen. Beim Science-Fiction Prototyping werden derzeit noch unreife Technologien in einem Gedankenexperiment in eine zukünftige Alltagsumwelt eingebracht. Ziel ist es, Menschen mit den Zukunftstechnologien interagieren zu lassen, um daraus Implikationen für die Zukunftsgestaltung ableiten zu können. Science-Fiction-Prototypen haben meist die Form von Kurzgeschichten oder Filmen. Das Science-Fiction Prototyping setzt ein hohes Maß an Kreativität und Vorstellungskraft voraus. Es richtet sich jedoch gegen Science-Fiction-Fantasien, die nach dem Stand der Wissenschaft unmöglich sind. Dazu gehört etwa das Beamen der Menschen von A nach B. Vielmehr stellt SFP wissenschaftliche Fakten an den Anfang. Die Entwicklung wird gedanklich – innerhalb des Theoriegebäudes der entsprechenden Wissenschaft (z. B. der Logistik, der Medizin, der

---

[6]Vgl. für ein logistisches Beispiel Melnyk et al. (2009).

[7]Hierzu wurde gefragt, ob die Zukunftsforschung des Unternehmens eher auf eine Konsensbildung abzielt oder eher kontroverse Ergebnisse generiert.

[8]Vgl. Johnson (2009, 2011).

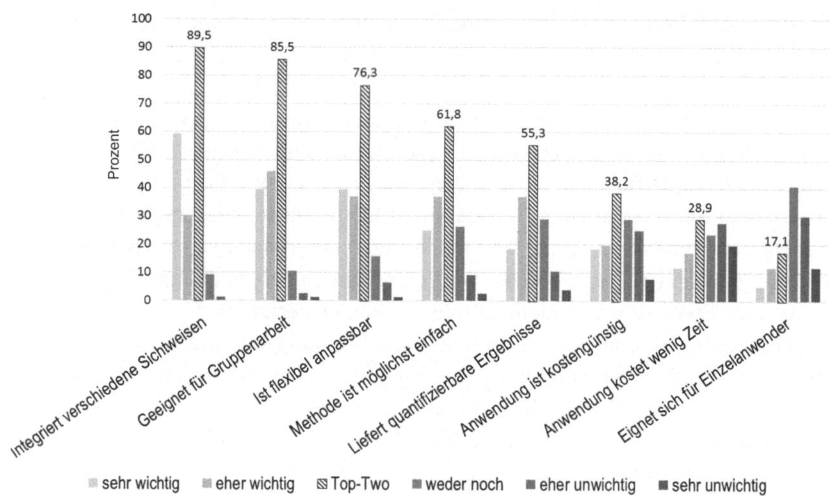

Abb. 2.4 Wunscheigenschaften von Zukunftsforschungsmethoden. (Quelle: Eigene Darstellung)

Nanotechnologie) – fortgeschrieben und in einen Kontext gesetzt. Ein Beispiel zur Erläuterung: In der Logistik aktuell stark diskutiert wird die virtuelle Realität (VR). Erste Anwendungen im Bereich einer durch „Smart Glasses" unterstützten Kommissionierung sind bereits serienreif und am Markt etabliert. Eine Erweiterung der VR über das Visuelle hinaus auf andere Sinne ließe sich mithilfe von SFP erkunden. Ein Beispiel wäre ein „Haptik-Modul", das – an den Computer angeschlossen – in der Lage ist, die Oberflächenstruktur beliebiger physischer Materialien abzubilden. Innerhalb von Sekunden ordnen sich im Haptik-Modul Kleinstteilchen so an, dass sie die Materialbeschaffenheit von Produkten perfekt nachahmen und ein realitätsgetreues Tastgefühl herstellen. SFP würde Online-Shopper mit dieser neuartigen Technologie interagieren lassen und Anwendungsfälle und Probleme für den E-Commerce der Zukunft erkunden.

Als Gründe, warum sich eine Methode besonders gut bewährt hat, werden von den Befragten häufig die Bekanntheit und die Verständlichkeit vorgebracht. Die Bekanntheit steht nicht notwendigerweise mit der Methodenqualität in Zusammenhang. Eine Aufgabe der Zukunftswissenschaft besteht darin, Anwender in der Methodenanwendung zu schulen. Ein Anliegen unserer Studie ist es, in Erfahrung zu bringen, welche Eigenschaften eine Zukunftsforschungsmethode aus Sicht der Praxis besonders attraktiv machen. Die relevantesten Charakteristika zeigt Abb. 2.4.

Dargestellt ist für jede Eigenschaft, welche Bedeutung ihr die Befragten beimessen. Die wichtigste Eigenschaft besteht darin, verschiedene Sichtweisen auf den Forschungsgegenstand zu integrieren – 90 % halten dies bei einer Methode für eher oder sehr wichtig. Weiterhin halten es 86 % der Praktiker für eher oder sehr wichtig, Methoden zu haben, die sich für eine Arbeit in Gruppen eignen. Diese beiden Wünsche unterstreichen den interdisziplinären Charakter der Zukunftsforschung.[9] Verhältnismäßig gering sind die Forderungen nach möglichst kostengünstigen und zeitsparenden Methoden. Aus zukunftswissenschaftlicher Sicht ein erfreuliches Ergebnis, besteht doch offenbar die Bereitschaft für Zukunftsforschung, finanzielle Ressourcen aufzuwenden und sich dafür Zeit zu nehmen.

Unser Fragenkatalog deckte für die große Mehrheit der Befragten die zentralen Methodenmerkmale ab. Einige Eigenschaften wurden von unseren Befragten in einem dafür vorgesehenen Freitextfeld noch ergänzt und geben wertvolle Anregungen für die Neu- und Weiterentwicklung von Zukunftsforschungsmethoden: Erstens sollen Methoden möglichst auch weiche Faktoren wie gesellschafts- und kulturübergreifende Entwicklungen „verarbeiten" können. Zweitens wünscht man sich Methoden, die den „Finger in die Wunde" legen, kontroverse Diskussionen erzeugen und die Zukunftsforschenden zu „Sparring-Partnern" im Kampf um die besten Zukunftsideen machen. Drittens wird eine „Topmanagement-Tauglichkeit" der Erkenntnisse gefordert. Sie müssten einfach kommunizierbar und logisch nachvollziehbar sein. Viertens sollten die Ergebnisse stabil gegenüber „Erschütterungen" sein oder solche Sensitivitäten zumindest berücksichtigen können. Schließlich wird auch der Aspekt der Datensicherheit vorgebracht; ein Punkt der angesichts einer „Digitalisierung" der Zukunftsforschung in Form computer- und internetgestützter Methodenderivate analoger Klassiker (z. B. Realtime-Delphi) oder gänzlich neuartiger Methoden (z. B. Crowd-Futuring) für die Forschungspraxis immer wichtiger wird.

2.6   Drei Typen zukunftsforschender Unternehmen

Jedes Unternehmen hat ein einzigartiges Zukunftsforschungsprofil. Einstellungen zu bestimmten Methoden und Vorgehensweisen, wie sie hier beschrieben wurden, legen Unterschiede im Forschungsprofil und in der Herangehensweise offen. Insgesamt wurden anhand von 15 Items Merkmale der Zukunftsforschung

---

[9]Vgl. Göpfert (2016, S. 7).

erfasst. Auf Basis der Daten lassen sich mittels Clusteranalyse drei Zukunfts-forschungstypen bilden. Die Fragen zielten dabei auf die vorherrschende For-schungsausrichtung und Kultur des gesamten Unternehmens und nicht auf die individuelle Antwortperson, einzelne Forscher oder Anwender.

- Die „Interaktiven" zeichnen sich durch einen eher qualitativen „weichen" Ansatz aus. Ihre Zukunftsforschung befasst sich stark mit Menschen. Sie legen Wert darauf, unterschiedliche Personen in Zukunftsforschungsprojek-ten zusammenzubringen. Die interaktive Ausrichtung spiegelt sich auch in der Methodenwahl wider. Methoden, die Gruppenarbeit und Diskussionen ermög-lichen, werden verstärkt eingesetzt. Intuition ist ihnen wichtig, aber eingebet-tet in ein systematisches Vorgehen. 56 % der Unternehmen gehören zu dieser Gruppe. Interaktion für Zwecke der Zukunftsforschung findet oft zeitlich kon-zentriert in Form ein- oder zweitägiger interner Workshops statt, die Mitar-beiter aus der Arbeitsroutine herausholen. Ein stimulierendes ungezwungenes Ambiente und ein ungewöhnlicher Tagungsort tragen zum Erfolg solcher Ver-anstaltungen bei. In der Interaktion wird das individuelle Innovations- und Kreativitätspotenzial der Teilnehmer freigesetzt. In einem der befragten Unter-nehmen wurde beispielsweise ein großes comicartiges Bild als Wandtapete im Tagungsraum platziert, das ein Zukunftsbild der Supply Chain zeigte und den Betrachtern den ganzen Tag als Inspirationsquelle dienen sollte. Es empfiehlt sich qualitative „Take-aways" solcher Workshops bildlich festzuhalten. Gerade bei der Gruppe der „Interaktiven" kann die Begleitung der Zusammenarbeit durch einen Gedankenzeichner, der die Arbeitsergebnisse bildlich festhält, sinnvoll sein.
- Die „Rechner" beschreiben ihre Zukunftsforschung als „objektiv". Auf diese Gruppe entfallen 29 % der Befragten. Es kommen Methoden zum Einsatz, die auf nachprüfbaren Zahlen basieren. Vergangenheitsdaten werden extrapoliert und als gute Schätzer für die zukünftige Entwicklung angesehen. Eintritts-wahrscheinlichkeiten definierter Ereignisse werden geschätzt und die Wech-selwirkungen mit anderen Ereignissen analysiert. Die Cross-Impact-Analyse kann hier zum Einsatz kommen. Im Ergebnis liefern die mathematisch-ori-entierten Zukunftsforscher häufig Zahlen mit Nachkomma-Genauigkeit. Der Anspruch ist eine einwandfreie Nachprüfbarkeit der Analysen. Kritiker sehen hier eine Scheingenauigkeit, da sich aus der Zukunft per Definition keine empirisch beobachteten Daten erheben ließen und sich alle Berechnungen somit auf bestimmte Prämissen stützen müssten. Eine Aufwertung wird die-ses Cluster zweifelsohne durch die ständig steigende Leistungsfähigkeit der

automatisierten Speicherung und Auswertung großer Datenmengen (Big Data) erfahren.

- Die „Intuitiven" machen Zukunftsforschung überwiegend „aus dem Bauch heraus". 15 % lassen sich diesem Cluster zuordnen. Bei den Methoden dominiert ein intuitives Vorgehen. Generell weist diese Gruppe eine geringe Zukunftsforschungsaktivität auf. Man verzichtet darauf, die größtenteils subjektiven Ergebnisse nachprüfbar zu machen.

2.7 Bewertung und Barrieren

Der wissenschaftliche Zukunftsforschungsprozess kann unterschiedliche „Outputs" hervorbringen. Die Praxis zeigt sich mit den aktuell von der Wissenschaft bereitgestellten Ergebnissen in weiten Teilen unzufrieden. Am stärksten wird bemängelt, dass die Erkenntnisse *nicht passgenau* auf das Unternehmen zugeschnitten sind (Bewertung 2,70)[10]. Das verwundert nicht, denn Zukunftsforschung operiert oftmals auf einer aggregierten Ebene. Die Ergebnisse müssen für das einzelne Unternehmen heruntergebrochen und interpretiert werden. Unsere Studie bestätigt beispielsweise eine gegenwärtig enorme branchenübergreifende Aufmerksamkeit für das Thema „Digitalisierung". Solche „Megatrends" implizieren allerdings branchenspezifisch (z. B. für die Logistik oder das Finanzwesen) ganz unterschiedliche Herausforderungen, aus denen sich wiederum Handlungsfelder für einzelne Unternehmen ergeben. Ein ebenso unzureichendes Bewertungsergebnis von 2,89 wird der *Aufbereitung und Vermittlung der Erkenntnisse* attestiert. Zukunftsforschung muss hier in der Lage sein, die von ihr entworfenen Zukunftsbilder für den konkreten Anwendungsfall zu deuten und ansprechend darzustellen. Die *Verfügbarkeit und Zugänglichkeit* von Forschungsergebnissen werden noch vergleichsweise gut bewertet. Da Unternehmen Zukunftsstudien auch für kommunikationspolitische Zwecke einsetzen, werden die Forschungsergebnisse oft online (z. B. auf der Unternehmensseite) verfügbar gemacht. In der Wissenschaft haben sich einige Fachzeitschriften als Sprachrohr der Zukunftsforschung etabliert und bieten einfachen konzentrierten Zugriff auf Zukunftsforschungsergebnisse. Das Bewertungsergebnis hinsichtlich der Verfügbarkeit und Zugänglichkeit von 3,28 Punkten ist hier dennoch stark verbesserungswürdig. In der Tat werden wie bereits bei den ersten historischen Anwendungen

---

[10]Die Bewertung erfolgte auf einer Skala von 1 (=sehr schlecht) bis 5 (=sehr gut).

der Szenariotechnik auch heute viele Zukunftsprojekte ausschließlich für einen unternehmensinternen „exklusiven" Adressatenkreis erstellt: 40 % unserer Studienteilnehmer geben an, dass sich ihre Zukunftsforschung ausschließlich oder überwiegend an eine unternehmensinterne Zielgruppe richtet.

Die Zukunftsforschung erfährt gegenwärtig eine sehr hohe Aufmerksamkeit. Branchenübergreifend ist ein teils radikaler, teils schleichender Wandel bestehender Geschäftsmodelle festzustellen. Die Existenzberechtigung traditioneller Großbanken wird durch digital-getriebene Fintech-Unternehmen langfristig infrage gestellt. Die Veränderungen betreffen ganze Branchen oder einzelne Unternehmen. Es klafft eine Lücke zwischen denjenigen Personen und Organisationen, die sich oberflächlich für Zukunftsthemen interessieren und selektiv Studien aus der Fachpresse in einer Art Beobachterrolle konsumieren, und solchen Akteuren, die sich aktiv in die Forschung einbringen und globale Entwicklungen (z. B. Digitalisierung) für die eigene Geschäftspolitik herunterbrechen.

Zukunftsforschungsaktivitäten werden durch verschiedene Faktoren gehemmt. An erster Stelle steht die Auffassung, dass es im Tagesgeschäft ständig etwas Dringenderes zu erledigen gebe und damit am Ende keine Zeit bleibe sich mit Längerfristigem auseinanderzusetzen. Es wird hier ein durchschnittlicher Zustimmungswert von 4,04 Punkten gemessen. Da die Zukunft noch nicht da ist, sind auch all ihre möglichen Auswirkungen bloß theoretisch und spekulativ. Es befriedigt mehr, schnelle Lösungen für aktuell dringende Probleme zu finden, deren Erfolg unmittelbar messbar ist. Zukünftige Chancen- und Risikopotenziale müssen sich offenbar erst ein Stück weit konkretisieren, ehe sie auf die Forschungsagenda rücken.

Die zweithöchste Zustimmung unter den Faktoren, die Zukunftsforschung hemmen, erfährt der Punkt „Betriebsblindheit" (3,76 Punkte). Manager und Mitarbeiter arbeiten routinemäßig ohne das eigene Handeln selbstkritisch zu hinterfragen. Es mangelt an externen Impulsen, die zu einer offenen Zukunftsforschung anregen. Eine lang anhaltende Periode mit positiver Umsatzentwicklung und stabilen Erträgen im Kerngeschäft verstärkt ein „Weiter so" und macht das Unternehmen blind für einsetzende oder drohende Verwerfungen. In unserer Studie gaben 27,6 % an, dass die Zukunftsforschung erst bei einer Verschlechterung des Betriebsergebnisses einsetze. Hier besteht die Gefahr einer zu starken Vergangenheitsfokussierung. Ursachenforschung ist wichtig, kann Zukunftsforschung aber nicht ersetzen. Es ist nicht zwangsläufig davon auszugehen, dass Erfolgspotenziale der Vergangenheit auch zukünftigen Erfolg garantieren. Die radikalen Änderungen der Ertragssituation der großen Energiekonzerne nach dem Atomausstieg sind ein jüngeres historisches Beispiel. Für die Automobilbranche werden ebenso drastische Umbrüche erwartet.[11] Die Entwicklung in der Logistik bleibt angesichts neuer Marktteilnehmer (insb. Start-ups) und digitaler plattformbasierter Geschäftsmodelle spannend.

Ein wesentliches Anliegen der Zukunftsforschung ist es, die Zukunft aktiv zu gestalten. In ihrer Rolle als Treiberin von Veränderung wird ihr von den Beschäftigten häufig Misstrauen entgegengebracht. Es besteht die Sorge möglicherweise Themen anzustoßen, die der individuellen Position schaden könnten. Unsere Befragung weist die Angst der Beschäftigten vor Veränderungen mit einem Zustimmungswert von 3,71 als drittstärkste Hürde aus, die eine erfolgreiche Zukunftsforschung überwinden muss. Zukunftsforschung ist langfristig ausgerichtet und diskutiert nicht selten Themen, die erst in zwanzig oder gar fünfzig Jahren Realität sein könnten. Wie mag etwa die Arbeitswelt bestimmter Berufsgruppen im Jahr 2050 aussehen? Welche Berufe gibt es dann überhaupt noch? Im Vergleich zum „Lebensalter" von Unternehmen, die über mehrere Generationen bestehen, sind diese Zeitspannen relativ kurz und eine Vorausschau auf die nächsten 20 Jahre ist absolut sinnvoll. Über 60 % der befragten Unternehmen sind älter als 60 Jahre. 20 % existieren sogar schon mehr als 100 Jahre. Unsere Befragung legt allerdings offen, dass die Zukunftsforschung auch die individuelle Perspektive des Einzelnen beachten muss. Die langfristige Perspektive des Unternehmens selbst und die kürzeren Erwerbsbiografien der Mitarbeiter und Manager weichen durchaus voneinander ab. Die Befragten sehen Zukunftsforschungsaktivitäten auch dadurch gebremst, da diese oft den ganz persönlichen Zeit- und Karrierehorizont übersteigen (Zustimmungswert 3,36 Punkte). Ähnlich wie bei visionären Großprojekten etwa aus dem Infrastrukturbau sind die anfänglich Beteiligten nach Realisierung einer Zukunftsvision unter Umständen schon in neuer Funktion tätig. Es ist daher essentiell, schneller erreichbare Meilensteine festzulegen, um die Motivation der Beteiligten aufrecht zu erhalten.

---

[11]Vgl. Dudenhöffer (2016).

Blick zurück und voraus 3

3.1 Rückblick: Wildcards 2000

Es ist deutlich geworden, dass es der Zukunftsforschung nicht darum geht, exakte Prognosen mit „Nachkommastellengenauigkeit" abzugeben. Wir fragten zum Ende hin nach überraschenden Ereignissen und Entwicklungen ab der Jahrtausendwende bis heute, die unsere Studienteilnehmer absolut nicht erwartet hätten, die in der Rückschau aber das eigene Geschäft stark – positiv oder negativ – beeinflusst haben. Die genannten Einflüsse sind ganz unterschiedlicher Natur: Technologien, Gesetzgebungen, Krisen und branchenspezifische Begebenheiten decken eine breite Palette an Faktoren ab. Ereignisse oder Entwicklungen dieser Art, die plötzlich und unerwartet daherkommen mit Auswirkungen (impact) von enormer Tragweite, bezeichnen Zukunftsforscher als „Wild Cards".[1] Die Auswirkungen sind aber nicht nur ein Störfaktor für bestehende Trends, vielmehr haben Wild Cards auch eine transformative Kraft, welche die Sicht auf die Dinge und Spielregeln qualitativ ändert.[2]

Innerhalb der technologischen Entwicklungen ist der drastische Bedeutungsanstieg des Internets relevant. Die enorme Verbreitung von Smartphones wird sechzehnmal als unerwartete Entwicklung mit massiver Wirkungskraft genannt. Die Erweiterung von Mobiltelefonen um computerähnliche Funktionen und Internetfähigkeit hat branchenübergreifend Veränderungen hervorgerufen. In der Logistik haben sich neue Geschäftsmodelle und logistische Lösungen entwickelt, die wesentlich auf Smartphone-Applikationen („Apps") basieren. Zum einen

---

[1]Vgl. Coote (2012, S. 111), Mendonça et al. (2004, S. 202, 203).
[2]Vgl. Mendonça et al. (2009, S. 25).

© Springer Fachmedien Wiesbaden GmbH 2017
I. Göpfert und R. Kersting, *Wie Unternehmen in die Zukunft blicken,*
essentials, DOI 10.1007/978-3-658-18909-9_3

ermöglichen oder vereinfachen Smartphones als „Enabling-Technologie" die Entwicklung und Umsetzung innovativer Supply-Chain-Management-Konzepte. Zum anderen beeinflussen Smartphones als Massenphänomen die Verhaltens- und Konsumgewohnheiten der Endkunden massiv. Die Auswirkungen werden von unseren Teilnehmern ambivalent beurteilt.

Unerwartete Rückschläge gingen von der Finanzkrise ab 2007 aus. Die Terroranschläge in den Vereinigten Staaten vom 11.09.2001 mit anschließenden wirtschaftlichen Verwerfungen und Unsicherheiten in den Lieferketten werden ebenfalls als überraschende Negativereignisse angeführt. Auf gesetzgeberischer Seite war die Energiewende für viele nicht vorhersehbar. Unsere empirischen Ergebnisse zeigen, dass sich branchenneutrale Verwerfungen am stärksten auf die Unternehmenssituation ausgewirkt haben. Solche exogen erzeugten Schocks beeinflussen meist alle Branchen. Ereignisse, die jeweils spezifisch nur auf konkrete Branchen Einfluss nehmen, finden sich in unseren Daten deutlich seltener. Beispielsweise stufte ein Handelsunternehmen die Einführung des Mehrwegpfands 2003 als unvorhersehbar ein. Ein Vertreter der Automobilindustrie hätte rückblickend, vom Standpunkt des Jahres 2000 aus, den aktuellen „Hype um batteriebasierte Elektromobilität" nie erwartet.

3.2 Ausblick: Top in 10 Jahren

In einer „Freitextfrage" waren alle Befragten aufgefordert, drei Themen zu nennen, die aus ihrer Sicht in den kommenden 10 Jahren zu besonders starken Veränderungen führen werden. Die Auswertung zeigt eine große Schnittmenge zwischen den individuellen Antworten. Eine inhaltsanalytische Clusterung der Einzelantworten führt zu vier aggregierten Themenkomplexen, denen ein besonderes Veränderungspotenzial für die nächsten Jahre zugeschrieben wird: Digitalisierung, Personal, Nachhaltigkeit, Globalisierung & Economic-Shift.

1. Digitalisierung:
   Das mit Abstand wichtigste Zukunftsthema ist Digitalisierung. Die Automatisierung und Selbststeuerung von Produktions- und Logistikprozessen wird Wertschöpfungsketten und traditionelle Geschäftsmodelle stark verändern. Das Sammeln, Analysieren und Nutzen großer Datenmengen (Big Data) durch technologieaffine Unternehmen besitzt großes Potenzial und greift auf immer mehr Wirtschafts- und Lebensbereiche über. Jeder zweite Befragte spricht diesen Themenbereich an.

2. Personal:
   Ein weiteres zentrales Thema betrifft die Beschäftigung und Gewinnung von Mitarbeitern. Bestehende Arbeitsmodelle ändern sich. Die Grenzen zwischen Arbeit und Freizeit werden weiter verschwimmen. Die Personalstrukturen werden sich verändern. Der demografische Wandel, Zuwanderung und eine selbstverständliche Chancengleichheit von Frauen und Männern werden sich auf den Arbeitsmarkt und die Personalstrukturen der Unternehmen auswirken. Eine Knappheit bestimmter Fachkräfte wird diskutiert. In der Logistik wird speziell die Verfügbarkeit und zukünftige Entlohnung von Lkw-Fahrern genannt. Die Komplexität der Arbeitsgebiete wird steigen.

3. Ökologische Nachhaltigkeit:
   Starken Einfluss werden Aspekte der Nachhaltigkeit haben. Ökologische Fragestellungen gewinnen an unternehmerischer Relevanz. Weitreichende Veränderungen wird es bei der Erzeugung und Nutzung von Energie geben. Dezentrale Energieerzeugung und die Nutzung alternativer Energieformen definieren Produktions- und Transportprozesse neu. Dies findet seinen Niederschlag in einer restriktiveren Umweltschutz-Gesetzgebung.

4. Anhaltende Globalisierung:
   Das weitere Voranschreiten der Globalisierung wird ebenfalls als besonders wichtiger Einflussfaktor eingestuft. Die Unternehmen gehen davon aus, dass sich der bereits seit langem stattfindende Prozess einer zunehmenden Integration und Verknüpfung (Connectivity) von Weltregionen und Märkten fortsetzen wird. Insbesondere Asien wird in den kommenden zehn Jahren von einer wirtschaftlichen Verschiebung profitieren (economic shift to asia).

5. Wettbewerb und Geschäftsmodelle:
   Wettbewerb und Geschäftsmodelle werden neu definiert. Die Grenzen zwischen einzelnen Branchen verschwinden. Der Wettbewerb mit branchenfremden Unternehmen nimmt zu. Neue Player und Start-ups verändern mit innovativen Geschäftsmodellen die Spielregeln traditioneller Branchen. Die Geschwindigkeit der Veränderung nimmt dabei zu. Die Gruppierung von IT-Unternehmen, Automobilherstellern, spezialisierten Start-ups und Logistikdienstleistern rund um das Zukunftsfeld autonomes Fahren ist ein Beispiel dieser Entwicklung.

Es ist für Zukunftsforscher unmöglich allumfassende Zukunftsbilder z. B. über „die Logistik der Zukunft" zu entwerfen. Um eine inhaltliche Tiefe zu erreichen, ist eine Beschränkung auf ausgewählte Realitätsausschnitte nötig. Für Unternehmen empfiehlt es sich die relevanten Themenfelder für die Zukunftsforschung zu priorisieren und sukzessive wie einzelne „Puzzle-Teile" zu einem Zukunftsbild zusammenzufügen.

Fazit

4

Immer mehr Unternehmen sind sich der großen Bedeutung, die eine professionelle Zukunftsforschung für ihr Unternehmen besitzt, bewusst. Gemessen an den Studienteilnehmern ist ein Anwendungsniveau erreicht, das einen konstruktiven Dialog zwischen Wissenschaft und Praxis für die Weiterentwicklung einer anwendungsorientierten wissenschaftlichen Zukunftsforschung möglich macht.

Für die große Zahl der antwortenden Unternehmen bildet der Wettbewerb den wichtigsten unternehmensexternen Treiber für ihre Zukunftsforschungsaktivitäten. Dabei wird der Wettbewerb um die besten innovativen Lösungen und Geschäftsmodelle durch die genannten Top-Zukunftsthemen wie Digitalisierung und Nachhaltigkeit seine treibende Rolle weiter verstärken. Die zukünftigen Herausforderungen verlangen weiterentwickelte und zum Teil auch neue Zukunftsforschungsmethoden und Organisationslösungen. Aus Anwendersicht müssen sich die Methoden und Instrumente vor allem für die Anwendung in Teams eignen. Welche weiteren Eigenschaften die Zukunftsforschungsmethoden besitzen sollten, haben die Unternehmen klar als Auftrag an die Wissenschaft adressiert.

Auffällig ist, selbst die aktiven Unternehmen nutzen mit den "Klassikern" Brainstorming, Szenariotechnik und Zukunftsworkshop nur eine kleine Auswahl aus dem breiten Methodenspektrum. Dabei würden erst Methoden wie das Science-Fiction Prototyping u. a. m. das Potenzial einer Zukunftsforschung voll erschließen können. Neue Methoden, z. B. das Crowd-Futuring werden zukünftig das Methodenspektrum erweitern.

Temporär unterscheiden sich die Logistikdienstleister mit ihrem ausgeprägten analytisch-quantitativen Vorgehen deutlich gegenüber Industrie und Handel,

© Springer Fachmedien Wiesbaden GmbH 2017
I. Göpfert und R. Kersting, *Wie Unternehmen in die Zukunft blicken,*
essentials, DOI 10.1007/978-3-658-18909-9_4

sodass sie (auch unter Berücksichtigung weiterer Unterscheidungsmerkmale) aktuell eher den Rechner-Typ repräsentieren. Zukünftig kann mit Blick auf die wachsenden Anforderungen an die Zukunftsforschung davon ausgegangen werden, dass auch die Logistiker stärker das intuitiv-qualitative Vorgehen in ihre Zukunftsforschung mit einfließen lassen und sich in Richtung des interaktiven Typs bewegen werden.

Was Sie aus diesem *essential* mitnehmen können

- Das *essential* gibt einen kompakten Überblick über den aktuellen Stand der Zukunftsforschung in Unternehmen und benennt Themen mit besonderem Veränderungspotenzial für die kommenden Jahre
- Es wird deutlich, dass die konkreten Ausgestaltungsformen und Institutionalisierungsarten der Zukunftsforschung sehr facettenreich sind
- Aus den individuellen Forschungsprofilen lassen sich drei grundlegende Typen extrahieren: Die „Rechner", die „Intuitiven" und die „Interaktiven"
- Zukunftsforschung wird von der überwiegenden Mehrzahl der Unternehmen als „Teamarbeit" gesehen; eine partizipative Ausrichtung unter Einbeziehung der Mitarbeiterinnen und Mitarbeitern wird befürwortet
- Das *essential* eröffnet Möglichkeiten, den Entwicklungsstand und die Leistungsfähigkeit der eigenen Zukunftsforschung zu reflektieren; dazu werden u. a. geeignete Informationsquellen und Zukunftsforschungsmethoden diskutiert

© Springer Fachmedien Wiesbaden GmbH 2017
I. Göpfert und R. Kersting, *Wie Unternehmen in die Zukunft blicken,*
essentials, DOI 10.1007/978-3-658-18909-9

Literatur

Bühler, B., & Willer, S. (2016). Einleitung zum Sammelband. In B. Bühler & S. Willer (Hrsg.), *Futurologien – Ordnungen des Zukunftswissens* (S. 9–21). Paderborn: Fink.

Chia, R. (2004). Re-educating attention: What is foresight and how is it cultivated? In H. Tsoukas & J. Shepherd (Hrsg.), Managing the future: Foresight in the knowledge Economy (S. 21 37). London: Blackwell.

Coote, J. (2012). A simple guide to Futurewatching. *Journal of Futures Studies, 16*(3), 107–112.

Dudenhöffer, F. (2016). *Wer kriegt die Kurve? Zeitenwende in der Autoindustrie.* Frankfurt a. M.: Campus.

Dudenredaktion. (2010). *Duden – das Fremdwörterbuch* (10., aktualisierte Aufl.). Mannheim: Duden.

Göpfert, I. (2016). Zukunftsforschung. In I. Göpfert (Hrsg.), *Logistik der Zukunft – Logistics for the Future* (S. 1–37). Wiesbaden: Springer Gabler.

Johnson, B. D. (2009). Science fiction prototypes or: How I learned to stop worrying about the future and love science fiction. In V. Callaghan, A. Kameas, A. Reyes, D. Royo, & M. Weber (Hrsg.), *Intelligent environments 2009 – Proceedings of the 5th international conference on intelligent environments* (S. 3–8). Barcelona: IOS Press.

Johnson, B. D. (2011). *Science fiction prototyping. Designing the future with science fiction.* San Rafael: Morgan & Claypool Publishers.

Melnyk, S. A., Lummus, R. R., Vokurka, R. J., Burns, L. J., & Sandor, J. (2009). Mapping the future of supply chain management: A Delphi study. *International Journal of Production Research, 47*(16), 4629–4653.

Mendonça, S., Pina e Cunha, M., Kaivo-oja, J., & Ruff, F. (2004). Wild cards, weak signals and organisational improvisation. *Futures, 36*(2), 201–218.

Mendonça, S., Pina e Cunha, M., Ruff, F., & Kaivo-oja, J. (2009). Venturing into the wilderness: Preparing for wild cards in the civil aircraft and asset-management industries. *Long Range Planning, 42*(1), 23–41.

O'Brien, F. A. (2004). Scenario planning – lessons for practice form teaching and learning. *European Journal of Operational Research, 152*(3), 709–722.

Regenbogen, A., & Meyer, U. (1998). *Wörterbuch der philosophischen Begriffe.* Hamburg: Meiner.

© Springer Fachmedien Wiesbaden GmbH 2017

I. Göpfert und R. Kersting, *Wie Unternehmen in die Zukunft blicken,* essentials, DOI 10.1007/978-3-658-18909-9

Springer Gabler Verlag (2017). Gabler Wirtschaftslexikon, Stichwort Start-up-Unternehmen. http://wirtschaftslexikon.gabler.de/Archiv/427/start-up-unternehmen-v7.html. Zugegriffen: 20. Feb. 2017.

Wagenführ, H. (1985). Zukunftsforschung. In Verlag moderne Industrie (Hrsg.), *Management-Enzyklopädie* (2. Aufl., S. 571–588). Landsberg a. L.: moderne industrie.